BEI GRIN MACHT SICH IHR WISSEN BEZAHLT

- Wir veröffentlichen Ihre Hausarbeit, Bachelor- und Masterarbeit

- Ihr eigenes eBook und Buch - weltweit in allen wichtigen Shops

- Verdienen Sie an jedem Verkauf

Jetzt bei www.GRIN.com hochladen und kostenlos publizieren

Marina Franke

Zeitgenössische Diskurse über Alter und Tod in der Vormoderne

GRIN Verlag

Bibliografische Information der Deutschen Nationalbibliothek:

Die Deutsche Bibliothek verzeichnet diese Publikation in der Deutschen Nationalbibliografie; detaillierte bibliografische Daten sind im Internet über http://dnb.d-nb.de/ abrufbar.

Dieses Werk sowie alle darin enthaltenen einzelnen Beiträge und Abbildungen sind urheberrechtlich geschützt. Jede Verwertung, die nicht ausdrücklich vom Urheberrechtsschutz zugelassen ist, bedarf der vorherigen Zustimmung des Verlages. Das gilt insbesondere für Vervielfältigungen, Bearbeitungen, Übersetzungen, Mikroverfilmungen, Auswertungen durch Datenbanken und für die Einspeicherung und Verarbeitung in elektronische Systeme. Alle Rechte, auch die des auszugsweisen Nachdrucks, der fotomechanischen Wiedergabe (einschließlich Mikrokopie) sowie der Auswertung durch Datenbanken oder ähnliche Einrichtungen, vorbehalten.

Impressum:

Copyright © 2012 GRIN Verlag GmbH
Druck und Bindung: Books on Demand GmbH, Norderstedt Germany
ISBN: 978-3-656-36488-7

Dieses Buch bei GRIN:

http://www.grin.com/de/e-book/208791/zeitgenoessische-diskurse-ueber-alter-und-tod-in-der-vormoderne

GRIN - Your knowledge has value

Der GRIN Verlag publiziert seit 1998 wissenschaftliche Arbeiten von Studenten, Hochschullehrern und anderen Akademikern als eBook und gedrucktes Buch. Die Verlagswebsite www.grin.com ist die ideale Plattform zur Veröffentlichung von Hausarbeiten, Abschlussarbeiten, wissenschaftlichen Aufsätzen, Dissertationen und Fachbüchern.

Besuchen Sie uns im Internet:

http://www.grin.com/

http://www.facebook.com/grincom

http://www.twitter.com/grin_com

Otto-von-Guericke-Universität Magdeburg

Studentin: Marina Franke

Zeitgenössische Diskurse über Alter und Tod in der Vormoderne
Hausarbeit zur Erlangung von 6 CP

Marina Franke

Studiengang: M.A. Europäische Kulturgeschichte

Inhaltsverzeichnis

1. Einleitung

2. Zu den zeitgenössischen Vorstellungen über Alter und Tod in der Vormoderne allgemein

3. Positive Darstellungen von Alter und Tod

4. Negative Darstellungen von Alter und Tod

5. Resümee

6. Literaturverzeichnis

7. Abbildungsverzeichnis

1. Einleitung

Der Tod ereilte in der Zeit der Vormoderne nicht nur „die Alten", sondern er war für junge wie alte Menschen allgegenwärtig und konnte unerwartet eintreffen. Der größere Teil der Menschen verstarb, bedingt durch Krankheiten, Hungersnöte, Kriege etc. und vor allem im Kindesalter, bereits vor dem hohen Alter. Der während der Frühen Neuzeit populäre Spruch „Mitten im Leben sind wir vom Tod umgeben" bezeugt diese Gegebenheit. Trotzdem wurde das Alter seit jeher, vor allem aufgrund des körperlichen Verfalls alter Menschen, der von allen Alterssymptomen am deutlichsten nach außen sichtbar ist, als letzte Lebensstufe und als Vorstufe des Todes sowohl positiv als auch negativ wahrgenommen:

„Einerseits wurde Altern mit körperlichem und geistigem Zerfall, Gebrechlichkeit und Nähe zum Tod assoziiert, und im Vergleich zum positiven Bild der Jugend wurde das Alter auch früher meist negativ bewertet. Andererseits wurde Alter mit Erfahrung und geistiger, spiritueller Entwicklung (Weisheit) in Verbindung gebracht."[1]

Je nachdem, ob der Tod als positives oder negatives Ereignis wahrgenommen wurde, konnte auch das Alter als vorheriger Lebensabschnitt als „Erfolgs- oder als Verfallsgeschichte"[2] gedeutet werden.

In der vorliegenden Hausarbeit wird der Frage nachgegangen, welche Deutungen und Vorstellungen für das Alter in Zusammenhang mit der Endlichkeit und dem Tod in der Vormoderne aufgegriffen, weiterentwickelt und verändert wurden und welche geschlechtsspezifischen Stereotypen alten Menschen zugeschrieben wurden.

Zur Beantwortung der Fragestellung werden zunächst allgemeine Vorstellungen über Alter und Tod in der Frühen Neuzeit vorgestellt. In den darauf folgenden Kapiteln werden positive und negative Darstellungen des Alters in Zusammenhang mit dem Tod erläutert.

Als Literaturgrundlage dienen einerseits Werke zum Alter und zum Tod in der Vormoderne, sowie Abhandlungen über die medizinischen Ansichten in der Frühen Neuzeit. Eine Monographie, die zeitgenössische Darstellungen des Alters im Zusammenhang mit der Endlichkeit untersucht, existiert bisher nicht. Weiterhin werden literarische und künstlerische Werke aus der Vormoderne vorgestellt.

---

[1] Höpflinger, F.(2007), Zur Geschichte des Alters in der Schweiz, S. 1f.
[2] Hartung, H.(2005), Zwischen Verfalls- und Erfolgsgeschichte, S. 8.

2. Zu den zeitgenössischen Vorstellungen über Alter und Tod in der Vormoderne allgemein

Die frühneuzeitlichen Autoren, die über das Alter schrieben, bedienten sich hauptsächlich bereits vorhandener Stereotype der Antike und des Mittelalters, diskutierten diese neu und entwickelten sie weiter. Die Ambivalenz der Alterstopoi der Antike blieb daher auch in der Vormoderne bestehen. Jedoch entwickelte sich während der Frühen Neuzeit erstmals ein medizinischer Altersdiskurs, dessen Abhandlungen über Altersphysiologie und Alterspathologie u. a. die Berührungspunkte zwischen Alter und Tod zur Diskussion stellten.[3] In diesen etwa seit der Mitte des 18. Jahrhunderts aufkommenden medizinischen Schriften wurde erstmals versucht, das Alter losgelöst von religiösen Vorstellen zu beschreiben.

Zuvor wurden Alter und Tod in religiösen und weltlichen Schriften und Kunstwerken eher am Rande dargestellt, denn den verschiedenen Darstellungsformen lag das *memento mori* – Motiv zu Grunde. Dieses erinnerte die Menschen daran, dass der Tod „eine selbstverständliche Erscheinung in ihrem Alltag [war]. In Gestalt von Krankheiten – Pocken, Bauchtyphus, Fleckfieber, Cholera, Pest – und in Gestalt des Krieges schlug er überall zu, in jedem Alter, in jedem Stand; er traf Männer wie Frauen, Säuglinge und Kinder."[4] Das hohe Alter war in der Vormoderne demnach keineswegs der alleinige „Repräsentant der Endlichkeit des Lebens."[5] Daher sollten die Menschen dem Tode gedenken und sich durch ein heilsames Sterben, welches nur durch ein heilsam geführtes Leben erlangt werden konnte, auf das Leben im Jenseits vorbereiten. In den sogenannten Sterbebüchlein wurde die *ars moriendi* – die Kunst des heilsamen Sterbens – gelehrt.[6]

Der Tod wurde von den Zeitgenossen jedoch nicht nur positiv, im Sinne einer glücklichen Heimkehr in das Reich Gottes, sondern auch negativ, als Strafe für Sünden, konnotiert. Neben den selbst verübten Sünden lastete auf jedem Menschen zudem die Erbsünde, die in den Vorstellungen der Bevölkerung durch Adams Sündenfall unwiderruflich auf den Menschen ruhte.[7] Diese negative Deutung griff auch Martin Luther auf, der den Tod als

---

3 Vgl. Schäfer, D.(2004), Alter und Krankheit in der Frühen Neuzeit, S. 33.
4 Wollgast, S.(1992), Zum Tod im späten Mittelalte und in der Frühen Neuzeit, S. 17.
5 Ehmer, J.(2008), Das Alter in Geschichte und Geschichtswissenschaft, S. 156.
6 Vgl. Wollgast, S.(1992), Zum Tod im späten Mittelalte und in der Frühen Neuzeit, S. 4f.
7 Ebd., S. 6.

„Drohung Gottes" bezeichnete.[8] Um dieser Bestrafung entgehen zu können, wurde den Menschen in Streitgedichten, „in denen die Gewißheit und Unerbittlichkeit des Todes und die rechte Art zu leben, um gut zu sterben, in dialogischer Form behandelt wird"[9], das heilsame Verhalten näher gebracht. Weiterhin mahnten Totentanz-Darstellungen vor einem unvorbereiteten, jederzeit möglichen Tod, indem sie den Menschen nach Ständen und Geschlechtern geordnet, einen jeweiligen „Tod" zur Seite stellten und damit die Gleichheit aller Menschen vor dem Tod veranschaulichten.[10]

Die Alten, die der Tod bisher verschont hatte, sollten sich umso intensiver auf ihre baldige Heimkehr in das Reich Gottes vorbereiten. Jegliche Trauer über das zu Ende gehende Leben wurde ihnen versagt. Stattdessen sollten sie in Würde von der Welt loslassen und sich auf das ewige Leben freuen. Frömmigkeit, Buße, Gebete, Gottvertrauen und der totale Rückzug aus der sündigen Welt des Diesseits waren nach der christlichen Altersschelte die Losungen der alten Menschen[11]: „Die Welt zu verachten und von der Welt verachtet zu werden."[12] Im Alter der Jugend nachzuweinen, galt als Schande und tiefe Sünde.

Dennoch wurde auch der „Klage über die Endlichkeit des Lebens, über die vergangenen Jahre und ihre Freuden und den nun mehr noch übrigbleibenden Blick in den herannahenden Tod als Ende von allem"[13], Raum geschaffen. Die Altersklagen enthielten detaillierte Beschreibungen des körperlichen Verfalls alter Körper und Assoziationen des Alters mit dem Winter und der Kälte.[14]

Allgemein dominierten geschlechtsspezifische Darstellungen alter Menschen: Die Vorstellungen des „weisen alten Mannes" und der „lüsternen alten Frau"[15]: „Darstellungen alter Frauen in Literatur und Kunst seit der Antike sind oft wenig schmeichelhafte realistische Darstellungen des körperlichen Verfalls, Allegorien der Vergänglichkeit und Symbole des Bösen, der Lust und des Todes."[16] Diese Vorstellungen setzen sich vielfach auch über die Aufklärungszeit fort, mit der ein Wandel des Verständnisses von Alter und vom Umgang mit den Alten einherging. Die Aufklärung, die in erster Linie ein

---

8 Vgl. Wollgast, S.(1992), Zum Tod im späten Mittelalte und in der Frühen Neuzeit, S. 7. Nach: Luther, M., Ennaratio Psalmi XL. 1534/35 / 1541/, in: M. Luther, Werke, Kritische Gesamtausgabe, Bd. 40, 3. Abt., Weimar 1930, S. 513.
9 Wollgast, S.(1992), Zum Tod im späten Mittelalte und in der Frühen Neuzeit, S. 6.
10 Vgl. ebd., S. 6; 15.
11 Vgl. Göckenjan, G.(2000), Das Alter würdigen, S. 61f; 76f.
12 Göckenjan, G.(2000), Das Alter würdigen, S. 73.
13 Ebd., S. 45.
14 Vgl. Haller, M.(2005), >Unwürdige Greisinnen<, S. 46.
15 Vgl. Hartung, H.(2005), Zwischen Verfalls- und Erfolgsgeschichte, S. 10.
16 Hartung, H.(2005), Zwischen Verfalls- und Erfolgsgeschichte, S. 10.

pädagogischer Diskurs war, nahm sich die alten Menschen als Vorbilder und Lehrer. Durch die Weitergabe ihrer Erfahrungen konnten sich die Alten als nützlich für das Gemeinwohl erweisen und so neues Ansehen erlangen. Im „Zeitalter der Empfindsamkeit" ging es nunmehr nicht um den körperlichen Verfall, sondern um die Vernunft, die in den Darstellungen der Altenverehrung hervorgehoben wurde.[17]

„Die Altenverehrungsrhetorik, der inszenierte Altersdiskurs in der zweiten Hälfte des 18. Jh. charakterisiert eine Epoche, in der das hohe Alter am meisten Autorität sein darf, Autorität sein soll, so wie vorher nicht und danach auch nie wieder. Aber zugleich formuliert der Diskurs auch die Anforderungen an das ideale, das ehrenwerte Alter dankenswert klar und nachdrücklich."[18]

Aufgrund dieser Entwicklungen ebbten auch (vor allem die negativen) Darstellungen über Alter und Tod ab. Die medizinischen Abhandlungen überwogen und verdrängten zu großen Teilen mit ihrer „Entmystifizierung des Alters" die religiösen Darstellungen.[19] Diese Gegebenheiten trafen jedoch nicht für alle alten Menschen zu, geschlechtsspezifische Vorstellungen gab es weiterhin und während der „weise alte Mann" die positiven Aspekte des Alters verkörperte, blieb für die alten Frauen – wie zuvor – nur die Altersverachtung übrig[20]: „Weiterhin wurden sie [die alten Frauen] – vor allem in Märchen – als schaurige, hässliche und boshafte Alte dargestellt."[21]

3. Positive Darstellungen von Alter und Tod

Positive Darstellungen von Alter und Tod waren eine wichtige Komponente des Alterstrostes. Sie hatten den Zweck, den alten Menschen die Angst vor dem Sterben zu nehmen und aufzuzeigen, dass der Tod nur das Ende des diesseitigen Lebens bedeutete. Das selige Sterben galt als Beginn eines paradiesischen Lebens im Jenseits.[22] Das Alter als letzter Lebensabschnitt konnte nach diesen Vorstellungen auch als letzte Chance zur Umkehr, als letzte Chance auf Seligkeit und Gottgefälligkeit verstanden werden.[23] „Denn darauf komme es beim Altwerden an, dieses Leben mit einem >>seligen Ende<< zu

---

17 Vgl. Haubold-Stolle, J./Schug, A.(2010), Wer ist schon alt?, S. 55f.
18 Göckenjan, G.(2000), Das Alter würdigen, S. 102.
19 Vgl. Thane, P.(Hg.)(2005), Das Alter, S. 195.
20 Vgl. Haubold-Stolle, J./Schug, A.(2010), Wer ist schon alt?, S. 57.
21 Haubold-Stolle, J./Schug, A.(2010), Wer ist schon alt?, S. 57.
22 Vgl. Göckenjan, G.(2000), Das Alter würdigen, S. 58.
23 Ebd., S. 63.

beschließen und nicht u. U. ein gutes Leben durch ein schlechtes Ende noch zu gefährden."[24] Das Motiv der sterbenden Jungfrau galt dabei als das „Urbild des heilsamen Todes"[25]. Es existiert in den christlichen Religionen kein ausgeprägteres Sinnbild für den erlösenden Tod und die zu erwartende Heimkehr in das Reich Gottes.

Die Vorbildfunktion für ein seliges und frommes Leben und Sterben, die den alten Menschen aufgetragen wurde, bedeutete für die Alten eine aktive Aufgabe mit einem sozialen Nutzen für die Gesellschaft, welche sie von den Ängsten und Schmerzen des Altwerdens ablenken sollte.[26]

Gleichwohl der Vergleich von Alten und Kindern auch negativ gedeutet wurde, spielte er in den christlichen Religionen eine tragende Rolle bei der Erlangung eines heilsamen Todes. Demnach sollten die asketisch lebenden Alten genau so wenig Sünde wie die Kinder haben[27], denn diesen gehöre bekanntlich das Reich Gottes, wie ein Abschnitt aus dem Lukas-Evangelium beschreibt: „Aber Jesus rief sie zu sich und sprach: Lasset die Kindlein zu mir kommen und wehret ihnen nicht; denn solcher ist das Reich Gottes. Wahrlich ich sage euch: Wer nicht das Reich Gottes annimmt wie ein Kind, der wird nicht hineinkommen."[28]

Die Vorbereitung auf den Tod sollte folglich allen Raum im Leben der Alten einnehmen. Akzeptierten die Alten ihren körperlichen Verfall und den bevorstehenden Tod, so wies dies auf tiefes Gottvertrauen hin, wodurch auch der körperliche Verfall als positiv, als Zeichen für die baldige Heimkehr in das Reich Gottes, gedeutet werden konnte.[29] „Es geht darum, seine Lebenstage auf Gott gerichtet hinter sich zu bringen, um dann mit einem >guten Tod<, einem Gott wohlgefälligen Tod das Zeitliche zu segnen."[30] Von dem Dichter und Philosophien Dante Alighieri (1265-1321) hielten sich einige in diese Richtung weisende Vergleiche bis in die Frühe Neuzeit und darüber hinaus. So verglich er den Tod alter Menschen mit einem reifen Apfel, der vom Baum fällt oder einem Schiff, welches in den Hafen einläuft. Dantes Vorstellungen vom Tod als Bestimmung des Alters waren demnach frei von Bitterkeit und Schmerz.[31]

Auch die Vorstellung der Interaktion der Alten mit dem Übersinnlichen verwies auf die

---

24 Göckenjan, G.(2000), Das Alter würdigen, S. 64.
25 Ariés, P.(1984), Bilder zur Geschichte des Todes, S. 102.
26 Vgl. Göckenjan, G.(2000), Das Alter würdigen, S. 67; 69.
27 Ebd., S. 65.
28 Lukas 18, 16-17.
29 Vgl. Göckenjan, G.(2000), Das Alter würdigen, S. 62.
30 Pennington, M.(2001), Memento mori, S. 41.
31 Vgl. Thane, P.(Hg.)(2005), Das Alter, S. 90.

bevorstehende Erlösung der Menschen vom irdischen Dasein und auf die Nähe zu Gott.[32] Und ebenso galten Schmerzen als Prüfungen Gottes, die es zu bestehen galt. Indem die Leiden durchgestanden und Buße getan wurden, erwartete die alten Menschen, so die christliche Lehre, ein rascher Weg ins Paradies.

Gott selbst wurde und wird auch heute häufig noch als „alter weiser Mann", wie beispielsweise an dem Gemälde von Pietro Perugino „Gott und Engel" (1507-1508) zu erkennen ist (Abb. 1), dargestellt[33], denn in den christlichen Religionen sollten die Alten aufgrund ihrer Weisheit und Frömmigkeit geehrt werden: „Vor einem grauen Haupte sollst du aufstehen, und eine greise Person sollst du ehren und deinen Gott fürchten. Ich bin der Herr"[34], heißt es im Levitikus. Das Bildnis des Hieronymus (ca. 16. Jh.) von Guido Reni zeichnet den Kirchenvater ebenfalls als alt und weise und mit übersinnlicher, göttlicher Hilfe durch einen Engel versehen (Abb. 2). Eine vergleichbare positive Darstellung einer alten Frau ist für die Zeit bis zur Aufklärung nicht vorzuweisen.

Der Tod selbst tauchte in vielen Darstellungen als alter Mensch auf, zumeist jedoch in negativem Zusammenhang; als Strafe Gottes. Als alten Greis, der in einer erotischen Beziehung ein junges Mädchen ereilt, stellte Niklaus Manuel Deutsch (1484 - 1530) in seinem Holzschnitt „Der Tod und die Jungfrau" (1517) den Tod dar (Abb. 3). Das „Tod-und-Mädchen-Motiv" fand vorwiegend Verwendung unter den Künstlern der Vormoderne. Es hat eine negative und sündhafte Komponente, drückt jedoch ebenso sehnliches Erwarten auf den Tod, wie auf einen Liebhaber, aus. Der Tod erscheint in diesen erotischen Darstellungen als willkommener Freund.

Eine einzige positive Darstellung eines weiblichen Todes bietet die mündliche Überlieferung der angeblich letzten Worte des Franz von Assisi: „Tod, meine Schwester, sei willkommen."[35] Wie alt diese „Tödin" in der Vorstellung des Franz von Assisi gewesen sein mag, bleibt jedoch offen.

---

32 Vgl. Ehmer, J.(2008), Das Alter in Geschichte und Geschichtswissenschaft, S. 155.
33 Vgl. Thane, P.(Hg.)(2005), Das Alter, S. 90.
34 Leviticus 19,32.
35 Vgl. Guthke, K. S.(1997), Ist der Tod eine Frau?, S. 22.

4. Negative Darstellungen von Alter und Tod

Der geistige und körperliche Verfall alter Menschen wurde seit jeher mit der Nähe zum Tod assoziiert und als negativ, als Strafe Gottes, deren Vorboten beispielsweise Krankheit oder Armut sein konnten, assoziiert.[36] So sind seit der Antike Wortverknüpfungen wie „schlimmes Alter", „kränkliches Alter", „hässliches [...] Alter" überliefert und verbreitet, die besonders den Verlust der körperlichen Attraktivität und der Gesundheit betonen.[37] Der Dichter William Shakespeare (1564-1616) beschrieb das letzte Lebensalter in seinem Stück „Wie es euch gefällt" in der siebenten Szene wie folgt:

„Das sechste Alter
Macht den besockten, hagern Pantalon,
Brill auf der Nase, Beutel an der Seite;
Die jugendliche Hose, wohl geschont,
'ne Welt zu weit für die verschrumpften Lenden;
Die tiefe Männerstimme, umgewandelt
Zum kindischen Diskant, pfeift und quäkt
In seinem Ton. Der letzte Akt, mit dem
Die seltsam wechselnde Geschichte schließt,
Ist zweite Kindheit, gänzliches Vergessen,
Ohn Augen, ohne Zahn, Geschmack und alles."[38]

Deutlich wird an diesem Zitat die Verbindung zwischen körperlichem Verfall und dem bevorstehenden Tod, sowie der negativ konnotierte Vergleich des Greisenalters mit der Kindheit.

Eine ähnlich negative Einstellung zum Alter vertraten beispielsweise die Humanisten Michel de Montaigne (1533-1593) und Erasmus von Rotterdam (1466/67/69-1536), der das Alter selbst als einen langsamen Tod beschrieb und alte Frauen als „lebendige Leichname" diffamierte.[39] Die altersfeindlichen Darstellungen dieser Intellektuellen ergaben sich nach dem Medizinhistoriker Daniel Schäfer zwangsläufig als „die Kehrseite ihrer Verehrung von

---

36 Vgl. Höpflinger, F.(2007), Zur Geschichte des Alters in der Schweiz, S. 1f. Vgl. Pennington, M.(2001), Memento mori, S. 42.
37 Vgl. Ehmer, J.(2008), Das Alter in Geschichte und Geschichtswissenschaft, S. 154.
38 http://www.william-shakespeare.de/wie_es_euch_gefaellt/wie_es_euch_gefaellt_2_7.htm.
39 Vgl. Schäfer, D.(2004), Alter und Krankheit in der Frühen Neuzeit, S. 84; 147; 269.

Lebensfülle, Jugend und Schönheit."[40] Hans Baldung (1484/85 - 1545) malte in seinem Werk „Die Lebensalter und der Tod" von 1510 eine alte Frau eingehakt in den Arm des Todes, der bereits mit einem Stundenglas auf sie wartet (Abb. 4). Ein ähnliches Bild vermittelt das Gemälde „Die Gatten Burgkmair" (1529) von Lucas Furtenagel (o. A.), welches ein älteres Ehepaar beim Blick in den Spiegel zeigt. Die Eheleute sehen in ihrem Spiegelbild den (bevorstehenden) Tod in Form von zwei Totenköpfen (Abb. 5).

Doch auch der griechische Ausdruck für das Greisenalter selbst - gēras – der sich von dem Wort gē; Erde; ableitet, deutet bereits das Schicksal des Greises an, bzw. verweist auf das Grab in der Erde. Ebenso umschreibt das in altlateinischer Dichtung und frühneuzeitlicher Medizin verwendete Wort silicernium; Leichenmahl; metaphorisch die letzte Stufe des Greisenalters.[41] Die Begriffe, die das Alter seit der Antike umschreiben, sind bereits in ihrer Semantik negativ konnotiert. In diesem Sinne erscheint auch die Beschreibung der folgenden zehn Lebensphasen, die aus dem 16./17. Jahrhundert überliefert ist:

„10 Jahre – ein Kind
20 Jahre – Jugend
30 Jahre – ein Mann
40 Jahre – aufrecht stehend
50 Jahre – gesetzt und wohlhabend
60 Jahre – Abschied nehmend
70 Jahre – beschütze deine Seele
80 Jahre – der Welten Narr
90 Jahre – Verachtung der Kinder
100 Jahre – möge Gott dir gnädig sein"[42]

Zum einen weisen die ersten fünf Lebensstufen eine positive und die letzten fünf Stufen eine negative Bedeutung auf, zum anderen verweist der Titel der letzten Lebensstufe auf den bevorstehenden Tod. Mit den negativen Konnotationen der letzten fünf Lebensabschnitte suggeriert das Phasenschema ein unglückliches und unnützes Alter vor dem Tod.

Die medizinischen Abhandlungen der Vormoderne stützten und erweiterten dieses Bild durch die seit der Antike bestehende Säftelehre maßgeblich. Nach dieser gäbe es vier für die Funktionen des Körper verantwortliche Säfte: Blut, Schleim, gelbe Galle und schwarze

---

40 Schäfer, D.(2004), Alter und Krankheit in der Frühen Neuzeit, S. 84.
41 Vgl. Schäfer, D.(2004), Alter und Krankheit in der Frühen Neuzeit, S. 37.
42 Thane, P.(Hg.)(2005), Das Alter, S. 119.

Galle. Diesen vier Körpersäften seien vier entsprechende Qualitäten zugeordnet: warm/feucht, kalt/feucht, trocken/warm und trocken/kalt. Das Gleichgewicht dieser Säfte und Qualitäten müsse fortwährend im Gleichgewicht sein, sonst würde der Mensch krank werden oder aber der Tod würde beschleunigt. Die Mediziner von der Antike bis zur Frühen Neuzeit gingen davon aus, dass alte Menschen einen Überschuss an schwarzer Galle besäßen, daher wurden ihnen die Qualitäten trocken und kalt zugeordnet, sodass der Glaube entstand, die Alten würden nach und nach austrocknen. Zudem wurde ihnen eine äußere Feuchtigkeit zugeschrieben, die sich beispielsweise durch austretenden Schleim aus der Nase zeigte. Zudem war der schwarzen Galle und den Qualitäten trocken/kalt das Temperament der Melancholie, welches für sündiges Leben und mangelnden Glauben stand, zugeschrieben.[43] Verbunden mit den Zuschreibungen aus dem Volksglaube, wie der Assoziation des Alters mit dem Winter, ergab sich ein durchweg negatives Bild der alten Menschen, für deren als zwingende Folge bevorstehenden Tod es keiner metaphorischen Umschreibung mehr bedurfte.

In dem medizinischen Diskurs über das Alter wurde auch der Frage nachgegangen, ob das Alter an sich eine Krankheit sei und damit als Krankheit zum Tode führe. Auch diese Diskussion wurde schon von antiken Medizinern und Autoren geführt und in der Vormoderne wieder aufgegriffen. So vertrat beispielsweise Marcus Tullius Cicero (106 v. Chr. - 43 v. Chr.) die Ansicht, das Alter müsse wie eine Krankheit bekämpft werden. Der Mediziner Jacob Hutter (o. A.) wandte sich in seiner Doktorarbeit von 1732 unter dem Titel „Daß das Alter an und vor sich selbst eine Kranckheit seye" ebenfalls der Krankheitsfrage des Alters zu.[44] Diese Ansicht hielt sich noch bis zum Ende der Frühen Neuzeit, wie ein Satz des Pfarrers Carl Christian Küchler von 1800 belegt: „Der letzte Abschnitt unseres Lebens, das Alter… ist selbst eine Krankheit und einem Orte ähnlich, wohin aller Unrath zusammenfließt"[45] Die Autoren und und Mediziner glaubten folglich an eine Krankheit Alter, deren Krankheitssymptome wie Arthritis, Blindheit oder Demenz den Tod verursachen würden.[46]

Die als positiv konnotierten und geforderten Eigenschaften des Alters, wie der Rückzug aus der Welt und die Akzeptanz des bevorstehenden Todes wurden in der Form der Altersschelte in ihr negatives Antonym verkehrt. So konnte die Angst vor dem Sterben auf ein sündiges

---

43 Vgl. Thane, P.(Hg.)(2005), Das Alter, S. 83; 126; 127.
44 Vgl. Schäfer, D.(2004), Alter und Krankheit in der Frühen Neuzeit, S. 31; 41f.
45 Göckenjan, G.(2000), Das Alter würdigen, S. 66. Nach: Carl Christian Küchler, Anleitung zum Andenken an den Tod, Neustadt 1800, S. 18, 21.
46 Vgl. Ehmer, J.(2008), Das Alter in Geschichte und Geschichtswissenschaft, S. 154.

Leben hinweisen, wie es u. a. der protestantisch-reformierte Theologe Daniel Tossanus (1541 – 1602) formulierte.[47] „Der Greis, der nicht sterben will, der nicht aus dem theologisch schlechteren Leben in eine erwartete bessere Ewigkeit wechseln will, bekundet seine Verstrickung in die Welt, Sündhaftigkeit, den Verlust von Glauben, ja von Verstand."[48] Die „Grabschrift der Alten" (1684) von dem katholischen Geistlichen Abraham a Santa Clara (1644 - 1709) beinhaltet einen Abschnitt von dem nicht-Abschied-nehmen-Wollens der alten Menschen:

> „Und dennoch wie der bissig Tod
> Nach uns oft thäte schnappen,
> Da wollten wir bald hi bald hot
> Er soll uns nicht ertappen.
> Nit gern, nit gern, nit geren dann
> Liessen wir unser Leben."[49]

Ebenso konnte der körperliche Verfall als Zeichen des sündhaft geführten Lebens und des fehlenden Gottvertrauens verstanden werden, gleichwohl er auch eine positive Deutung erfahren konnte.[50]

Besonders hart traf die Altersschelte alte Frauen. Der Stereotyp der „lüsternen alten Frau" wird anhand des Gemäldes „Vanitas" von Jacob de Gheyn (1565 - 1629), dessen Untertitel „Alte Frau, einem jungen Mann Geld anbietend"[51] lautet, deutlich (Abb. 6). Der Mann, der von der älteren Frau Geld angeboten bekommt, ist auf dem Bild nicht zu sehen. Dafür zeigt der Tod seine Präsenz, der als Strafe für das sündige Verhalten der Alten zu deuten ist.

Nach der Medizin und dem Volksglaube beinhaltete das Menstruationsblut der Frauen giftige Stoffe, weshalb Frauen generell von verschiedenen Tätigkeiten ausgeschlossen wurden. Nach der Menopause galten die Frauen schließlich als noch gefährlicher, da die Menschen davon ausgingen, das Blut könne nicht mehr austreten. Aus diesen Ansichten nährte sich auch der Hexenglaube, bzw. die starke Diskriminierung alter Frauen, durch die ihnen zugeschriebenen Zauberkräfte.[52] Anwendung fanden diese Vorstellungen häufig bei

---

47 Vgl. Göckenjan, G.(2000), Das Alter würdigen, S. 63.
48 Göckenjan, G.(2000), Das Alter würdigen, S. 63.
49 Ebd., S. 75/76. Nach: A a Santa Clara, 1684, S. 12f.
50 Vgl. Göckenjan, G.(2000), Das Alter würdigen, S. 62.
51 Vgl. Guthke, K. S.(1997), Ist der Tod eine Frau?, S. 134.
52 Vgl. Thane, P.(Hg.)(2005), Das Alter, S. 84; 127. Vgl. Schäfer, D.(2004), Alter und Krankheit in der Frühen Neuzeit, S. 270.

alten unverheirateten Frauen, denen der Volksglaube aufgrund ihres für die Gesellschaft nutzlosen Daseins die göttliche Gnade verwehrte[53]: „Der Volksspott, wie er in der Brauchtumsliteratur gesammelt ist, verdammt alte Jungfern nach ihrem Tod in öde Gebirgsgegenden, in feuchte Sümpfe und karge Moorlandschaften."[54] Jedoch wurde allen alten Frauen, nicht nur den alten Jungfern, Nähe und Zusammenspiel mit dem Teufel nachgesagt, wie ein frühneuzeitliches Sprichwort aus dem Volksmund belegt: „Wo der Teufel nicht hin kann, schickt er ein altes Weib."[55] In dem Bild „Eine gute Lehrerin" (1797) setzte der Maler Francisco de Goya (1746 - 1828) eine alte Frau als Hexe in Szene, die eine junge Frau in die Hexenriten einweist (Abb. 7). An de Goyas Bildnis ist erkennbar, dass die alten Frauen nicht vom Wandel der Altersbilder während der Aufklärungszeit profitieren, im Gegenteil: „Die alte Frau [wurde] als Personifikation des Bösen"[56] dargestellt. Ein Beispiel für die Vorstellung der alten Frau als Hexe vor der Aufklärungszeit stellen die verschiedenen Darstellungen der „Mother Shipton", die für eine Prophetin und Hexe gehalten wurde „und [sie] war [angeblich] so hässlich, dass man sie „die Tochter des Teufels" nannte."[57] Im Abbildungsverzeichnis ist sie auf einer Abbildung eines Holzschnittes zu sehen (Abb. 8). Die Vorstellungen alter Frauen als Hexen setzten sich über die Frühe Neuzeit hinweg fort und hielten sich über die Volkslieder, Volksmärchen und Sagen, im slawischen Raum beispielsweise durch die Darstellung der Hexe Baba Yaga und durch die Vermischung mit den Vorstellungen eines Todes in weiblicher Person; einer Tödin, einer Gattin des Todes oder des Teufels.[58] Die Gleichsetzung von alten Frauen und dem Tod ist bis ins 19. Jahrhundert durch Frühlings- und Fastnachtsfeiern überliefert, bei denen Strohpuppen als Symbol der Winteraustreibung und der Sicherung von Fruchtbarkeit und Ernte verbrannt oder ertränkt wurden.[59]

Aufgrund der hohen Anzahl an negativen Darstellungen des Alters selbst und des Alters in Verbindung mit dem Tod, gab es verschiedene Bemühungen, das Alter zu verzögern oder sogar zu umgehen. Einerseits gab es die Vorstellung der Verjüngung durch das Motiv des Jungbrunnens[60], welches hinduistischen Vorstellungen vom „Teich der Jugend" und hebräischen Annahmen vom „Fluss der Unsterblichkeit" entstammt und andererseits die

---

53 Vgl. Haubold-Stolle, J./Schug, A.(2010), Wer ist schon alt?, S. 57.
54 Göckenjan, G.(2000), Das Alter würdigen, S. 190.
55 Vgl. Ebd., S. 194.
56 Göckenjan, G.(2000), Das Alter würdigen, S. 195.
57 Thane, P.(Hg.)(2005), Das Alter, S. 115.
58 Vgl. Guthke, K. S.(1997), Ist der Tod eine Frau?, S. 25f; 141.
59 Vgl. Göckenjan, G.(2000), Das Alter würdigen, S. 195.
60 Vgl. Thane, P.(Hg.)(2005), Das Alter, S. 128.

„Suche nach dem irdischen Paradies, indem der Baum des Lebens Unsterblichkeit verheißt."[61] Diese Vorstellungen gründeten sich sowohl aus Volkssagen und Mythen als auch auf medizinischen Abhandlungen der Diätetik.[62] Lucas Cranach d. Ä. (1473 - 1553) setzte das Motiv des Jungbrunnens in seinem Gemälde „Der Jungbrunnen" von 1546 um (Abb. 9).

Andererseits glaubten die Menschen an ein „gutes Altern" bzw. ein langsames Altern durch eine gesunde Ernährung zu der regelmäßiges Trinken von Rotwein gehörte. Der Rotwein würde das Leben verlängern, so ein italienisches Sprichwort aus der Frühen Neuzeit: „Wenn der alte Mann nicht mehr trinkt, wirst du ihn bald in einer anderen Welt sehen."[63]

5. Resümee

In der Frühen Neuzeit existierten sowohl positive als auch negative Vorstellungen über das Alter in Zusammenhang mit der Endlichkeit und dem Tod, die sich bereits seit der Antike in den Vorstellungen der Menschen verfestigt hatten. Typische Alterssymptome, wie der körperliche Verfall oder die Demenz, konnten sowohl negativ, als Strafe Gottes für begangene Sünden und fehlende Frömmigkeit, als auch positiv, als Loslösung von der sündigen Welt und als Interaktion der Alten mit Übersinnlichem bzw. als Nähe zu Gott, aufgefasst werden. Es überwogen bis zur Aufklärungszeit jedoch die negativen Darstellungen über das Alter und den Tod. Die Zuschreibungen an die alten Menschen unterlagen außerdem geschlechtsspezifischen Vorstellungen:

„Dabei war der Zeitgeist in der Frühen Neuzeit über alle Maßen ungerecht, verurteilte Frauen stärker als Männer. Gerade was den Verlust der körperlichen Anziehungskraft anging, wurde das Alter bei Frauen sehr viel drastischer geschildert als bei Männern. Alte[n] Frauen [...] wurde nachgesagt, bösartig, giftig und gehässig gegen junge sowie gesunde Menschen zu sein. Besonders arme alte Frauen waren prädestiniert dafür, als Hexe bezeichnet zu werden."[64]

Folglich wurden bei alten Frauen auch häufiger negative Konnotationen in Hinblick auf den Tod verwendet. Die Vorstellungen von alten Frauen als Hexen, Tödinnen und Gespielinnen des Teufels vermischten sich - kurz: die alten Frauen wurden zu „Allegorien der

---

61 Schäfer, D.(2004), Alter und Krankheit in der Frühen Neuzeit, S. 123; 130f.
62 Vgl. Ebd., S. 130.
63 Vgl. Thane, P.(Hg.)(2005), Das Alter, S. 130.
64 Haubold-Stolle, J./Schug, A.(2010), Wer ist schon alt?, S. 41f.

Vergänglichkeit und Symbole[n] des Bösen, der Lust und des Todes."[65] Auch die Aufwertung des Alters und das Überdenken der Beziehungen zu den Alten während der Zeit der Aufklärung änderte an diesen Zuschreibungen nichts. Zwar erlangten die alten Männer als Vorbilder und Lehrer der Gesellschaft eine gehobene Stellung, wodurch sich die negativen Darstellungen des Alters im Zusammenhang mit dem Tod verringerten, doch änderte sich nichts an den negativen Zuschreibungen, die alte Frauen diffamierten. Es festigten sich die antonymen Stereotypen des „alten weisen Mannes" und der „lüsternen alten Frau", die sich, verankert im kollektiven Gedächtnis der Menschen, bis in das 19. Jahrhundert fortsetzten.

---

65 Hartung, H.(2005), Zwischen Verfalls- und Erfolgsgeschichte, S. 10.

6. Literaturverzeichnis

Ariés, Philippe, Bilder zur Geschichte des Todes, München/Wien 1984.

Eckart, Wolfgang, Die Darstellung des Skeletts als Todessymbol in der Sinnbildkunst des 16. und 17. Jahrhunderts, in: Paul Richard Blum(Hg.), Studien zur Thematik des Todes im 16. Jahrhundert, in: Wolfenbütteler Forschungen, Bd. 22, Wolfenbüttel 1983, S. 21-47.

Ehmer, Josef, Das Alter in Geschichte und Geschichtswissenschaft, in: Ursula M. Staudinger/Heinz Höfner(Hg.), Was ist Alter(n)? Neue Antworten auf eine scheinbar einfache Frage, Berlin 2008, S. 149-172.

Göckenjan, Gerd, Das Alter würdigen. Altersbilder und Bedeutungswandel des Alters, Frankfurt 2000.

Guthke, Karl S., Ist der Tod eine Frau? Geschlecht und Tod in Kunst und Literatur, München 1997.

Haller, Miriam, >Unwürdige Greisinnen<. >Ageing trouble< im literarischen Text, in: Heike Hartung(Hg.), Alter und Geschlecht. Repräsentationen, Geschichten und Theorien des Alter(n)s, Bielefeld 2005, S. 45-63.

Hartung, Heike, Zwischen Verfalls- und Erfolgsgeschichte. Zwiespältige Wahrnehmungen des Alter(n)s, in: Heike Hartung(Hg.), Alter und Geschlecht. Repräsentationen, Geschichten und Theorien des Alter(n)s, Bielefeld 2005, S. 7-18.

Haubold-Stolle, Juliane/Schug, Alexander, Wer ist schon alt? Eine Kulturgeschichte des Alterns, Berlin 2010.

Höpflinger, François, Zur Geschichte des Alters in der Schweiz: http://www.hoepflinger.com/fhtop/fhalter1Ahtml. (2007)

Pennington, Margot, Memento mori. Eine Kulturgeschichte des Todes, München 1999.

Schäfer, Daniel, Alter und Krankheit in der Frühen Neuzeit. Der ärztliche Blick auf die letzte Lebensphase, in: Andreas Frewer(Hg.), Kultur der Medizin. Geschichte – Theorie – Ethik, Bd. 10, Frankfurt a. M. 2004.

Thane, Pat(Hg.), Das Alter. Eine Kulturgeschichte, Darmstadt 2005.

Wollgast, Siegfried, Zum Tod im späten Mittelalter und in der Frühen Neuzeit, in: Sitzungsberichte der Sächsischen Akademie der Wissenschaften zu Leipzig. Philologisch-historische Klasse, Bd. 132, Heft 1, Berlin 1992.

7. Abbildungsverzeichnis

Abb. 1: „Gott und Engel" von Pietro Perugino

http://shambala25.files.wordpress.com/2008/10/gott-der-schopfer-und-engel-pietro-perugino-1507-1508-fresco-stanza-dellincendio-di-borgo-palazzi-vaticani-vatican-rom.jpg%3Fw%3D500%26h%3D355 (30.08.2012)

Abb. 2: Bildnis des Hieronymus von Guido Reni

http://www.europeana.eu/portal/record/15502/968E6F91E49C030E2FA669FCA7AA23EC00B5352A.html

(30.08.2012)

Abb. 3: „Der Tod und die Jungfrau" von Niklaus Manuel Deutsch

http://www.kunstkopie.nl/kunst/niklaus_manuel_deutsch/tod_kriegsknecht_umfasst_weib_h i.jpg (30.08.2012)

Abb. 4: „Die Lebensalter und der Tod" von Hans Baldung

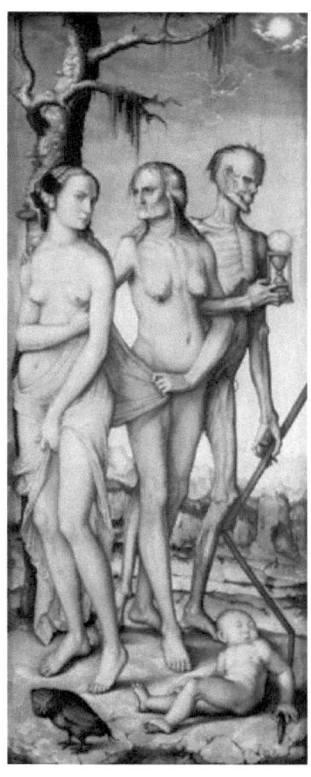

http://www.kunstkopie.de/kunst/hans_baldung_grien/3272000.jpg (30.08.2012)

Abb. 5: „Die Gatten Burgkmair" von Lucas Furtenagel

Ariés, P.(1984), Bilder zur Geschichte des Todes, S. 208.

Abb. 6: „Vanitas" von Jacob de Gheyn

http://www.medaillen-reliefkunst.de/m2010/pics/vanitas.jpg (30.08.2012)

Abb. 7: „Eine gute Lehrerin" von Francisco de Goya

http://www.paranormal.de/ballabene/obe/pdfDateien/Ueberlieferungen-Dateien/image036.jpg (30.08.2012)

Abb. 8: „Mother Shipton" (Unbekannt)

http://rarelyknown.org/wp-content/uploads/2010/12/Mother_Shipton.jpg (30.08.2012)

Abb. 9: „Der Jungbrunnen" von Lucas Cranach d. Ä.

http://de.wikipedia.org/wiki/Jungbrunnen (30.08.2012)